RÉFLEXIONS CRITIQUES

SUR

LES GIRONDINS

DE M. DE LAMARTINE.

PAR M. DE MAICHE.

Vox in Rama audita est,
Ploratus et ululatus multus:
Rachel plorans filios suos,
Et noluit consolari,
Quia non sunt!

Paris.

G. A. DENTU, IMPRIMEUR-LIBRAIRE,
rue de Bussi, n° 17;
ET PALAIS-ROYAL, GALERIE VITRÉE, N° 13.

1847.

RÉFLEXIONS CRITIQUES

SUR

LES GIRONDINS.

Il n'y a pas encore beaucoup d'années que le mot de *révolution française* portait en lui quelque chose de sinistre ; on n'y pensait qu'avec effroi, comme à un temps de malédiction, où l'Enfer s'était en quelque sorte déchaîné sur la terre. Nos pères, à peine échappés de cette épouvantable tourmente, où leurs proches, leurs amis avaient disparu, et où leur propre tête avait couru tant de dangers, nous redisaient leurs émotions, présentes encore, avec cet accent de l'horreur qui les ont fait passer tout entières dans nos âmes, en donnant à la révolution française un caractère odieux d'impiété, d'anarchie, de fureur barbare, d'atrocité sans nom.

Mais voici que la philosophie de l'histoire a touché à la révolution, et sous sa baguette magique elle a changé de forme et de couleur. Bannissez de votre mémoire ces souvenirs de carnage et d'impiété brutale, ce sont des nuages trompeurs qui vous dérobent la vérité et la splendeur des idées ; car la révolution française fut une chose sainte, héroïque, divine !.... L'entendez-vous, ombres malheureuses, tragiques victimes qui succombâtes sous le couteau des égorgeurs ! et si vous l'entendez, votre cendre reste-t-elle froide au fond de vos sépulcres ?.... Et vous, contemporains de ce règne de la terreur, que devez-vous penser des jugemens de la philosophie de l'histoire ?

La philosophie proprement dite, la philosophie purement appliquée au règne des idées, a fait ses preuves d'impuissance et de folie. Descendue à l'application des faits, se posant comme juge des évènemens, serait-elle plus heureuse ? Il y a toute raison d'en douter, puisque dans les faits, plus encore peut-être que dans les idées, les passions viennent obscurcir les faibles clartés de notre intelligence. On doit donc beaucoup se défier des ouvrages historiques qui commencent par des théories faites après coup ; ce sont de véritables lits de Procuste, où les évènemens s'alongent ou se mutilent selon le besoin. Quand on étudie l'histoire avec un parti pris à l'avance, elle se transforme au gré de l'historien : les parties saillantes restent dans l'ombre, le jour éclaire ce qui n'avait point de relief ; ce n'est plus une exacte représentation des évènemens, ce n'est plus un miroir fidèle qui les reflète aux yeux de la postérité, c'est un système, c'est un prisme sous les couleurs duquel ils viennent perdre leur véritable couleur. On a commencé par dire : La révolution française fut héroïque et divine. Aussi voyez quelle transfiguration subite ! voilà que toutes ces tristes victimes traînées à l'échafaud ou massacrées, ne sont plus que de salutaires expiations, que des holocaustes nécessaires au salut des peuples ; et les juges, les bourreaux sont les héroïques prêtres *de l'affranchissement de la terre,* la révolution est *une magnanime révolte* (1) !

M. Thiers a commencé cette réhabilitation de la révolution par l'histoire, en livrant, parce qu'il voulait rester véridique, tous les acteurs de ce drame sanglant à une sorte de fatalité irrésistible qui, tout en les poussant à de monstrueux excès, leur laisse une excuse dans ce violent entraînement. Mais on a jugé cette réhabilitation trop timide et trop modérée, M. Thiers a manqué de hardiesse, et voici qu'à l'envi, M. Michelet, M. Blanc, M. de Lamartine, planant bien au-dessus de leur aîné, viennent chanter, dans un saint enthousiasme, un hymne triomphal à la révolution française. Arrivé le dernier, M. de Lamartine a su renchérir sur tous les autres. Dans un remarquable article qu'a pu-

(1) *Histoire de la révolution* de Louis Blanc, p. 6.

blié *la Mode*, M. Nettement caractérise ainsi l'effet général des *Girondins* : « C'est la glorification de la philosophie du dix-huitième siècle, et l'immolation du catholicisme sur les autels de cette philosophie, qui se personnifie dans les noms de Voltaire, de Rousseau, d'Holbach, Helvétius ; c'est l'apothéose de la révolution et de l'esprit révolutionnaire, non seulement à leur début, mais dans tous leurs développemens, et l'immolation du principe monarchique sur les autels sanglans de la démocratie ; c'est la réhabilitation des personnages les plus sinistres du drame révolutionnaire ; c'est un piédestal placé sous leurs pieds pour grandir leur petitesse devant la postérité, une draperie poétique jetée sur leurs épaules pour dissimuler leurs hideuses difformités ; c'est l'abaissement des victimes de la révolution devant leurs immolateurs, des martyrs devant les bourreaux, du malheur et de la vertu devant le crime et le succès (1). »

Pourquoi la révolution française est-elle apparue avec ce caractère à M. de Lamartine? à quoi doit-il cet impie travestissement qu'il lui fait subir ? Est-ce à la vivacité de sa brillante imagination . à la vigueur de son sens poétique ? Non. Il le doit à une erreur de sa raison, à un système préconçu. Toute l'*Histoire des Girondins* est renfermée dans cette formule : *La révolution avait un idéal divin et universel, c'était un écoulement du christianisme* (2). M. de Lamartine a cru, il a dit, et Mme Roland, Marat, Robespierre deviennent ses héros ; l'infortuné roi-martyr, son auguste et héroïque épouse sont traduits aux assises de l'histoire. Ne vous imaginez pas qu'il n'a rien eu à souffrir en écrivant ces huit longs volumes, brillante mais fausse déduction d'un principe erroné ; plus d'une fois les sentimens de son âme se sont révoltés ; on le voit à son embarras, à ses contradictions, à ses pénibles antithèses, aux tortures de son style, à ce ton sentencieux et républicain qu'il emploie ; il lutte contre sa foi, il lutte contre son fanatisme, mais sa foi et son

(1) *La Mode*, 26 mars.   (2) *Girond.*, p. 16 et 19.

fanatisme l'emportent ; nouveau Brutus, il sacrifiera tout à cette idée qu'il croit divine. Ce n'est pas l'imagination que l'on doit accuser dans l'œuvre de M. de Lamartine, car c'est elle qui en fait la beauté, c'est elle qui en fait le succès, c'est elle qui la fera vivre ; c'est le miel sur les bords du vase ; défiez-vous cependant en portant vos lèvres à la coupe enchanteresse, au fond se trouve le poison le plus subtil ; c'est la raison qui l'a distillé. Il ne faut pas s'étonner que la raison puisse faire errer ainsi à l'aventure dans le champ de l'histoire ; la raison a une logique inflexible ; et quand elle domine l'histoire par un principe posé par elle, l'histoire périra plutôt que le principe. On a vu en ce genre de singulières extravagances, et chacun sait, pour n'en citer qu'un seul exemple, comment l'impiété du dix-huitième siècle, pour se défaire de Jésus-Christ, sut prouver qu'il n'était autre chose que le soleil, et que ses douze apôtres étaient les douze signes du zodiaque. Qu'on y prenne garde, cet abandon de l'histoire aux rêves et aux folies des philosophes, est plein d'un immense danger pour l'avenir, et si quelques-uns ne l'ont que ridiculement transformée en mythes, il s'en rencontrera d'autres qui la feront servir aux plus épouvantables théories.

Quant à la question qui nous occupe, le jugement de M. de Lamartine sur la révolution est-il l'expression même de la vérité ? est-il sans appel ? Faudra-t-il désormais imposer silence aux mouvemens de l'indignation et de la pitié, pour venir adorer la guillotine, nouvelle libératrice des peuples, comme on adore la Croix, instrument de leur rédemption ? La révolution française est-elle l'œuvre de Dieu ? Les révolutionnaires furent-ils les coopérateurs de son Christ ?

Il reste heureusement au fond des âmes un secret sentiment de vérité plus fort que tous les systèmes, qui repousse instinctivement cette horrible apothéose du crime, au travers de laquelle on distingue les sinistres figures de juges en délire, de bourreaux couverts de sang, les poignards, les ha-

ches, la guillotine. Cependant on se sent souvent ébloui par
la fascination du sophisme ; et quand le génie le revêt du
plus séduisant éclat, légers papillons, nous allons y brûler
nos aîles, parfois y consumer notre vie ; et si on laisse s'é-
garer l'opinion publique, si on laisse passer sans protestation
cette sanction du crime, cette consécration d'une époque à
jamais déplorable, outre que c'est une lâcheté envers la mémoire des victimes, c'est encore, pour les mauvaises passions, un encouragement gros de périls pour la patrie.

Afin de se trouver à l'abri de ces systèmes qui dénaturent
l'histoire, qu'y aurait-il donc à faire ? Une seule chose qui
n'est pas difficile, si l'on veut ; c'est de mettre de côté le
rêve du philosophe, et de prendre les faits tels qu'ils sont,
les hommes tels qu'ils sont, avec leurs bonnes et leurs mauvaises œuvres, abstraction faite de leurs revers ou de leurs
succès ; c'est de les proposer au jugement de la postérité,
tels qu'ils passent au jugement de Dieu, complètement à nu,
dépouillés de tout ce qui les a environnés et voilés, de tout
le prestige dont ils ont ébloui le monde. Dans les actes de
l'homme, en effet, deux choses sont parfaitement distinctes,
l'acte lui même, marqué d'un caractère moral de bien ou
de mal, et les conséquences qui sortent de cet acte, mais en
sont indépendantes et n'en changent point le caractère. Si
nous nous agitons librement dans le cercle que Dieu nous
a tracé, au-dessus de nos têtes planent les éternels desseins
de la Providence, qui dispose à son gré de tout le travail
des êtres libres. Car puisque dans sa sagesse il les a créés
capables de bien et de mal, il a dû, pour sauver sa sainteté,
tout en leur laissant la responsabilité de leurs actes, rendre
vains leurs efforts pour constituer définitivement le mal, et
lui donner droit de cité dans le monde. Où donc est le do-
maine de l'histoire ? dans les actes libres et dans les conséquences providentielles qui en résultent. Mais dans ce do-
maine quelle est la part des hommes ? les actes libres ; c'est
là ce qui leur appartient, c'est sur cela qu'ils doivent être

jugés.... La part de Dieu, ce sont les conséquences ; et quand le philosophe s'emparant de ces conséquences, les résume, les formule en axiomes pour en déduire ensuite les faits et qualifier les hommes d'une époque, il tombe dans une erreur palpable, enlève à Dieu son œuvre, flétrit la vertu malheureuse, s'éprend d'amour pour le succès des méchans, consacre ainsi le mal, et cause un funeste scandale au monde. Qui cependant s'est jamais avisé de faire l'apologie d'un scélérat que ses crimes heureux ont enrichi? Qui louera les fils de Jacob d'avoir vendu leur frère Joseph, parce qu'ils furent cause de son élévation aux premières dignités de l'Egypte? Voilà néanmoins ce que fait la philosophie systématique de l'histoire, voilà ce qu'ont fait les récens historiens de la révolution. Ce n'est point ainsi que l'entendait Jésus-Christ. Connaissant, dans sa prescience divine, que la méchanceté des hommes enfanterait des scandales, et qu'il fallait nécessairement qu'ils entrassent dans le plan providentiel, il ne les justifiait pas par le bien dont plus tard ils pourraient être l'occasion, car il disait : *Il faut que des scandales arrivent, mais malheur à celui par qui ils arriveront.* « L'homme propose, et Dieu dispose, » disaient les anciens : cette formule renferme les deux élémens historiques qu'il ne faut jamais confondre, l'élément libre, humain, et l'élément fatal ou divin, qui absorbe le premier, le modifie, le combine, et le détourne vers le bien, lors même qu'il tendait au mal.

Donc notre manière d'envisager l'histoire pour renverser tout système historique formé en quelque sorte *à priori*, c'est d'étudier les phénomènes libres, et de les imputer à l'homme ; de rechercher, en second lieu, les phénomènes providentiels, pour les rapporter à Dieu.

D'après ce point de départ, quelle figure va faire devant nous la révolution française? Quelles sont ses œuvres libres et qui lui appartiennent exclusivement? Regardez! c'est la révolte contre le meilleur roi que la France ait jamais eu, le plus disposé à entrer dans la voie des réformes progressives ; ce sont d'orageuses et frénétiques assemblées se renversant les unes les autres ; c'est l'anarchie, la délation érigée en honneur, l'échafaud en permanence, le massacre, les noyades ; ce sont des bandes d'assassins, les bras retroussés, l'œil avide de carnage ; c'est une populace ivre de fureur, toujours prête à l'émeute, vociférant des cris sauvages, portant partout la mort, promenant des têtes au bout des piques, mordant dans des cœurs ensanglantés ; c'est une suite innombrable de douloureuses victimes de tout âge, de tout sexe, de tout rang, des enfans, des jeunes filles, des femmes, des vieillards, le soldat avec le prêtre, l'homme du peuple avec le prince ; c'est l'avilissement, la profanation de tout ce qu'il y eut jamais de plus respectable et de plus sacré en ce monde, de la royauté et de la Divinité ; c'est un roi, qui était bien loin d'être un tyran, raillé, bafoué, emprisonné, guillotiné ; c'est le culte de nos pères livré au mépris, à la dérision, à la moquerie ; ce sont les temples du Christ fermés ou renversés ; sa Croix, ce symbole de la vraie liberté, abattue et conspuée, son image mourante foulée aux pieds, traînée dans la fange du ruisseau ; c'est une prostituée sur les autels ; c'est la proscription, la persécution, la destruction, la ruine ; c'est le sang, le crime marchant la tête haute, et la vertu partout poursuivie ; c'est, en un mot, la TERREUR !... Ils ont épuisé l'épouvante, dit M. L. Blanc, épuisé la peine de mort, et la terreur, par son excès même, est devenue désormais impossible (1).

Telle s'est montrée à nous la révolution française, tels sont les phénomènes infernaux qu'elle nous présente ; nul ne peut les révoquer en doute, et on ne nous accusera pas d'avoir chargé cet effrayant tableau.... Après avoir évoqué cette lugubre époque, après avoir regardé en frémissant ce spectre sanglant encore, quel nom lui donnerons-nous ? La terre n'en fournit point d'analogue, il en faudrait demander

(1) *Hist. de la rév.*, p. 2.

un à l'Enfer. Non, non, s'écrie M. de Lamartine, c'est au Ciel qu'il faut le demander, car *la révolution avait un idéal divin, c'était un écoulement du christianisme.* O égarement du génie! Je sais que l'on dit : Ce n'est pas là la révolution, ce n'en sont que les excès. Et ce n'est rien que ces excès, grand Dieu! Qui donc les a commis? Paraissez Marat, paraissez Robespierre, paraissez terroristes! Est-ce vous? Vous n'osez répondre. Qu'on vous traîne aux gémonies de l'histoire. Ce ne sont point là seulement les excès de la révolution, ce sont ses moyens; c'est ce qu'une raison formée par un siècle de rationalisme a su imaginer de mieux pour renverser la *superstition* et la *tyrannie,* comme elle appelait la religion et la royauté : c'est la réalisation du vœu sauvage de Diderot, *étrangler le dernier des rois avec les boyaux du dernier des prêtres;* c'est la réponse à ce fanatique appel de Raynal : *Peuples lâches! imbécile troupeau! vous vous contentez de gémir, quand vous devriez rugir!* c'est l'accomplissement du mot d'ordre du patriarche de Ferney : *Ecrasez l'infâme!* c'est-à-dire le Christ. Pour vous en convaincre, faites un instant abstraction de ces excès, enlevez ces pages hideuses de l'histoire, vous ne retrouverez plus la révolution, vous n'aurez plus que le développement régulier des institutions. N'écrivez-vous pas, d'ailleurs : « Le secret de ces hommes terribles, pour sauver la France, est de la croire sublime, et de lui dire : Le territoire est un camp, la patrie un soldat; et contre les ennemis du dedans, on a des juges au cœur d'airain, et le couteau sans cesse levé de l'exécuteur (1). » Et ces hommes étaient de sang-froid, car M. L. Blanc ajoute : « Telle sera l'énergie de ces penseurs au visage impassible, de ces studieux tribuns; telle sera leur énergie *puisée dans le seul enthousiasme du cerveau,* qu'elle dépassera tout ce que fourniront jamais d'inspirations violentes l'ivresse de la gloire, la haine, l'envie, les fureurs de l'esprit de conquête, les emportemens de l'amour (2). »

(1) *Hist. rev.,* p. 3.   (2) *Id.,* p. 17.

Ce simple exposé des moyens de la révolution, loin de lui mériter les glorifications du génie, devrait suffire, il nous semble, pour la vouer à l'indignation et à la réprobation de tous les gens de bien. Les philosophes ont déployé toute leur éloquence, les poètes et les artistes toute la puissance de leur art, pour livrer à l'éternelle exécration des siècles les cruautés de l'inquisition et les proscriptions de la Saint-Barthélemy ; pourquoi donc, fermant leur âme à l'attendrissement, exciteraient-ils l'admiration pour la révolution française, qui n'a été qu'une suite de proscriptions et de cruautés ? Je sais qu'on demande grâce pour ces horreurs en faveur de l'idée ; mais l'inquisition avait aussi son idée, et la Saint-Barthélemy la sienne. Voudrait-on dire que celle de la révolution fut plus excellente ? Mais qui peut être juge de l'excellence d'une idée ? Et quand on croit avoir conçu un idéal plus ou moins divin, est-on autorisé à le faire acheter par plus ou moins de sang ? J.-J. Rousseau, après avoir proposé tous ses projets de réforme, renonçait à leur application, si elle devait coûter la vie à un seul homme. Au reste, il est de principe qu'on ne doit jamais faire le mal pour qu'il en résulte un bien. Quel est celui de tous les apologistes de la révolution qui voudrait en voir le retour, et croirait avoir rendu un grand service à son pays, s'il l'avait provoqué ? Les moyens violens et cruels mis au service d'une idée, qu'on les appelle inquisition ou révolution, sont des moyens détestables, ce sont les moyens du monde ancien, du vieil esprit païen ; ce ne sont point les moyens du monde nouveau régénéré par l'esprit chrétien. Les anciens disaient : *Haïssez vos ennemis, arrachez-leur œil pour œil, dent pour dent.* Jésus-Christ a dit au contraire : *Aimez vos ennemis, et priez pour eux.* Un jour qu'une ville n'avait pas voulu le recevoir, ses disciples lui demandèrent le pouvoir de commander au feu du ciel de descendre et de la consumer. Jésus se retournant, les reprit et leur dit : *Vous ne savez pas à quel esprit vous êtes appelés.* (S. Luc, c. 9.) Re-

mettez votre épée dans le fourreau, dit-il aussi à Pierre, qui voulait le défendre , *ce qui est défendu par l'épée périt par l'épée.* (S. Math., c. 26.)

Ce n'est pas cet esprit de mansuétude qu'on vit régner dans la révolution, et l'on nous accordera au moins que, dans son œuvre, elle fut un idéal diabolique plutôt qu'un idéal divin, un écoulement du paganisme plutôt qu'un écoulement du christianisme.

Laissons maintenant de côté les actes sanglans de la révolution, et ne nous occupons plus que de l'idée qu'elle renfermait.—Qu'est-ce que l'idée révolutionnaire? C'est, répond M. de Lamartine, la liberté, l'égalité, la fraternité des hommes. Si l'on veut que cette idée ait été l'idée révolutionnaire, personne, nous le pensons, ne contestera qu'elle n'est point éclose de la révolution, mais que la révolution a seulement cherché à la faire triompher. M. de Lamartine convient lui-même que le christianisme trouvant les hommes asservis et dégradés sur toute la terre, s'était levé à la chute de l'empire romain, comme une vengeance, qu'il avait proclamé ces trois mots : *Liberté, égalité, fraternité des hommes* (1). Ce n'est donc point la révolution qui a donné naissance à cette idée, et nous lui enlevons cette gloire ; disons plus, et M. de Lamartine va le dire encore avec nous, ce n'est pas au nom de la révélation de Jésus-Christ que s'est faite la révolution, ce n'est pas au nom de la sainte liberté qu'elle avait apportée au monde, sous la forme d'une *résignation* dont on parle si dédaigneusement, mais au nom d'une autre autorité qui est moins résignée, au nom de la raison humaine, au nom du rationalisme, tranchons le mot, au nom du paganisme.—Oui, la révolution ne fut pas chrétienne, elle fut païenne ; elle voulut réhabiliter parmi nous Rome et la Grèce d'autrefois. « *Le monde antique,* c'est M. de Lamartine qui parle, *s'était affranchi au nom du Christ, le monde moderne s'affranchissait au nom des droits que toute*

(1) *Giraud.,* p. 16

créature a reçus de Dieu (1). Nous prenons acte de cette dé-claration. Mais que l'illustre poète veuille nous permettre de lui demander si, en-dehors de Jésus-Christ, il sait quels sont les droits que toute créature a reçus de Dieu? qui les lui a fait connaître? En vertu de quelle autorité peut-il affir-mer que tels ou tels droits sont ceux que toute créature a reçus de Dieu? Dieu lui a-t-il dévoilé le secret de ses dons? Non; mais c'est la raison qui a découvert complètement tous les droits que Dieu a départis à sa créature, et la raison seule a trouvé aussi juste que Jésus-Christ; car *ce que Jésus-Christ appelait révélation, les philosophes l'appelaient raison; les mots étaient différens, le sens était le même* (2). Nous en demandons bien pardon à M. de Lamartine, mais la cons-cience nous oblige à lui dire que, dans ces quelques pre-mières pages de son livre que nous analysons, il y a presque autant d'erreurs, et d'erreurs graves, que de mots. Il est étrange qu'un esprit aussi élevé que le sien n'ait pas com-pris l'immense différence qu'il y avait entre l'idée chrétienne et l'idée philosophique ou révolutionnaire, n'ait pas vu l'a-bîme qui les séparait de la distance qu'il y a du ciel à la terre. Non, monsieur de Lamartine, Jésus-Christ ne disait pas la même chose que Voltaire, Diderot, d'Holbach, etc., ou, pour parler plus logiquement, ces philosophes ne di-saient pas la même chose que Jésus-Christ, et leur raison, quoiqu'elle eût pu s'éclairer des lumières de l'Evangile, n'était point l'équivalent de sa révélation. Voltaire avec Jésus-Christ! quelle impie et menteuse assimilation! Vous vous moquez alors en écrivant : « Voltaire ne rougit d'au-cune prostitution de son génie, pourvu que le salaire de ses complaisances lui servît à acheter des ennemis au Christ (3).» Nous maintenons donc cette proposition, que la révolution française fut païenne et non pas chrétienne, il ne nous sera pas difficile de le démontrer.

Le rationalisme naquit au Paradis terrestre, lorsque, à

(1) *Girond.*, p. 17.　　　(2) *Idem.*　　　(3) Page 258.

l'instigation de l'esprit du mal, l'homme repoussa la direction divine pour suivre la direction de sa propre raison. Livré à lui-même, il perdit complètement sa voie, comme un navire sans boussole; il se jeta à corps perdu entre les bras des passions, qui enfantèrent tous les genres de douleurs. Le monde antique nous représente l'homme abruti dans le plaisir et la servitude, et faisant de vains efforts pour sortir de l'abîme. Dans son désespoir, il cria au ciel : le Christ apparut, et vint le remettre dans sa voie, que la raison de tous les philosophes n'avait jamais pu retrouver. Cette voie nouvelle, c'était l'abnégation de soi-même, le dévouement pour les autres, la lutte constante et vigoureuse contre les plus chères passions du cœur, quand elles n'étaient pas conformes au devoir. Voilà ce qu'a fait Jésus-Christ. Il n'a pas, comme Platon, donné le plan d'une république, ni écrit un contrat social comme J.-J. Rousseau; il n'a formé le projet d'aucun système gouvernemental : c'est beaucoup plus haut qu'il a placé les bases de sa réforme; il les a placées là où elles devaient être, là où était le siége du mal, là où elles pouvaient être fécondes et durables, indépendantes des temps, des lieux, des circonstances, des formes gouvernementales, toutes choses mobiles, relatives, périssables; il les a placées dans la volonté humaine. « C'est du cœur des hommes, dit-il, que sortent les mauvaises pensées, les adultères, les fornications, les homicides, les larcins, l'avarice, les méchancetés, la fourberie, le blasphême, l'orgueil, le dérèglement de l'esprit, et c'est là ce qui les souille et les dégrade. » (S. Marc, c. 7.) C'est aussi à déraciner le vice du cœur des hommes, et à y implanter toutes les vertus que s'est appliqué l'Homme-Dieu. Il n'est pas venu leur dire : Soyez aristocrates ou démocrates, ou quelque chose d'intermédiaire; il leur a dit à tous, grands ou petits, libres ou esclaves, Juifs ou païens : Soyez bons, soyez humbles, aimez-vous, que le plus grand se fasse le serviteur des autres, que le serviteur ne s'élève pas au dessus de son maître;

pardonnez les offenses que l'on vous a faites, si vous voulez
que l'on vous pardonne les vôtres. Telle est la régénération
humaine qu'a conçue Jésus-Christ; elle est véritablement
divine, universelle, indépendante d'une forme périssable,
applicable partout, attaquant le mal dans sa racine, et of-
frant toutes les garanties de stabilité; c'est une régénération
de la volonté, c'est une régénération *morale*.

Qu'on me dise maintenant si c'est cette régénération qu'a
voulu produire la révolution, si c'est le cœur de l'homme
qu'elle entendait réformer; si elle a voulu réellement le
rendre libre de cette liberté sainte qui consiste dans l'affranchissement des passions, et qui seule peut solidement le
rendre heureux, en ramenant la vertu et la paix sur la terre.
A-t-on pu chanter à son avènement, comme à l'avènement
du Christ : *Gloire à Dieu au plus haut des cieux, et paix sur la
terre aux hommes de bonne volonté?* Non, la révolution n'a pas
été chrétienne, c'est-à-dire morale, elle n'a été qu'une révolution dont le paganisme a pu faire tous les frais; elle
n'a été qu'une révolution politique, subordonnée à une
forme démocratique, et par conséquent locale, temporaire,
variable, irradicale, mécanique, violente, périssable comme
toutes les formes possibles. Elle est bien loin d'être universelle et absolue, puisque la forme républicaine n'a pas
été et ne peut pas être la forme gouvernementale de tous
les temps et de tous les lieux; elle n'est pas radicale, puisqu'elle laisse à l'homme tous ses vices; elle est mécanique
et violente, puisqu'elle ne s'adresse pas à la volonté de
l'homme par la persuasion, mais veut la subjuguer en l'é-
treignant dans une forme; elle est bien loin enfin d'assurer
solidement le repos et le bonheur des peuples, puisque si
ce bonheur et ce repos dépendent de cette forme, vienne
une tempête qui souffle sur elle, et tout est englouti.

On peut voir maintenant la différence qui existe entre
l'idée chrétienne et l'idée révolutionnaire : pour nous bien
convaincre que celle-ci n'est qu'une idée païenne, prenons-

la dans son origine, et suivons-la dans ses développemens et ses résultats. — Où placent l'origine de la révolution ceux qui la font remonter le plus haut? à la prise de Constantinople par les Turcs : en effet, c'est là qu'on doit la placer. — La doctrine de Jésus - Christ avait convaincu d'infirmité toutes les doctrines humaines; elle avait résisté aux violences de l'esprit comme aux violences de la force ; le rationalisme, honteux de ses folies, s'était tû devant elle; les écoles de philosophie s'étaient fermées, faute de disciples ; le vieux monde avait succombé, les barbares avaient renouvelé la face de la terre, et au milieu de cette terre neuve et barbare resta le germe chrétien. Sous l'influence de ce germe fécondant, l'embryon des sociétés modernes se développait graduellement, comme toutes les œuvres de Dieu, comme l'enfant dans le sein de sa mère, comme le grain de blé dans le sein de la terre ; chaque jour lui apportait un progrès lent, mais sûr ; chaque siècle dessinait mieux ses formes, et laissait entrevoir davantage ce que pourrait être ce fruit, quand enfin il serait parvenu à la maturité. Les choses allèrent ainsi jusqu'en 1453. — Mais le monde ancien n'était pas encore mort ; il vivait encore dans la vieille Constantinople. Mahomet II le repoussa sur le monde nouveau ; et comme ces vieillards débauchés, qui n'ont plus de plaisir qu'à corrompre la jeunesse, il déversa tout le venin du vieux paganisme sur le jeune monde chrétien. La philosophie, la poésie, la littérature, l'histoire, l'art païens vinrent frapper et éblouir des esprits trop faibles encore pour porter cette civilisation scientifique, littéraire et artistique, et se défier du subtil poison qu'elle renfermait. On s'éprit d'amour pour l'art, pour la forme païenne ; la forme païenne se retrouva partout, à l'église, au barreau, dans les écoles, dans les ateliers; elle régna en maîtresse depuis Ronsard jusqu'à Fénélon, et depuis Fénélon jusqu'à Voltaire ; l'Olympe et le Parnasse ressuscitèrent ; Jupiter et sa cour, Apollon et ses muses, Vénus et l'Amour reparurent plus brillans que jamais; Xénophon et Tite - Live eussent pu faire théologie en France ; et Boileau, désespérant de la forme chrétienne, en prenait gaîment son parti, et s'écriait: *Eh ! quel objet enfin à présenter aux yeux, que le diable toujours hurlant contre les cieux.* De l'amour de la forme on passa rapidement à l'amour du fond ; les doctrines païennes flattèrent encore une fois les penchans vicieux de l'homme ; le rationalisme parut plus commode à l'esprit humain ; il repoussa comme une mortelle ennemie la foi, qui pourtant soutenait sa faiblesse en le portant sur ses ailes ; comme autrefois au paradis terrestre, l'homme, enivré de science, se crut assez éclairé pour trouver à lui seul sa règle de conduite et s'insurger contre la révélation chrétienne. Le christianisme, qui depuis si long-temps, et avec une si admirable patience, façonnait la barbarie pour l'amener à la véritable civilisation, fut rendu responsable de tous les vices qu'il combattait. Il fut traité de barbare, de superstitieux, de tyrannique, parce qu'il n'avait pas hésité à descendre dans le chaos du moyen-âge pour le débrouiller ; ses croyances, son art, souvent mal compris par ceux-mêmes qui avaient mission de les défendre, succombèrent sous les coups de la philosophie et de l'art païens : Jupiter triompha; on put croire Jésus - Christ vaincu. Luther et Calvin les premiers, exaltant la raison humaine, secouèrent l'autorité de l'Eglise ; Voltaire et sa suite voulurent la saper dans ses fondemens et écraser *l'infâme.* Alors, tous les vieux systèmes qui avaient corrompu l'ancien monde reparurent; on vit renaître l'épicuréisme, le cynisme, le panthéisme, le matérialisme, l'athéisme. Déjà les idées païennes avaient enfanté les fines voluptés de la maison de Médicis, elles enfantèrent bientôt les turpitudes de la régence ; nous n'eûmes plus rien à envier aux orgies de la décadence romaine....., que les barbares qui l'engloutirent ; ils ne se firent pas long-temps attendre.

Cependant, si l'on s'éprit des doctrines et des arts du

paganisme, il était difficile de ne pas prendre goût aussi aux formes politiques qui avaient fait sa gloire. Toutes les jeunes imaginations s'éveillaient au milieu des républiques d'Athènes et de Rome ; tous les esprits se nourrissaient de leur substance ; tous les cœurs s'échauffaient au souvenir des exploits qu'elles avaient enfantés; toutes les bouches répétaient les noms d'Harmodius et d'Aristogiton, de Brutus et de Mucius-Scévola; toutes les ambitions soupiraient après les luttes du Forum et de la tribune, et convoitaient la gloire de Démosthènes et de Cicéron. On se représenta facilement ces républiques comme l'idéal des gouvernemens; tous les rois passèrent pour des Tarquins; et ce que l'on souhaita bientôt, dans le plus profond de son âme; ce fut le renversement des trônes et l'établissement de républiques calquées sur les républiques grecque ou romaine.

C'est ainsi que naquit et se développa l'idée révolutionnaire : évidemment le christianisme n'eut aucune part à sa formation; il était chassé de partout, même de l'art; et le but unique de l'idée révolutionnaire fut d'abord de le renverser, comme le remarque M. L. Blanc, et comme nous venons de le démontrer. Aussi se demande-t-on comment ces lignes ont pu échapper à la plume de M. de Lamartine : « Le scepticisme du dix-huitième siècle ne s'attachait qu'aux formes extérieures et aux dogmes surnaturels du christianisme; il en adoptait avec passion la morale et le sens social. C'est l'explication de cette contradiction *apparente* de l'esprit du dix-huitième siècle, *qui empruntait tout du christianisme en politique,* et qui le reniait en le dépouillant. Il y avait à la fois une violente répulsion et une violente attraction entre les deux doctrines. Elles se reconnaissaient en se combattant, et aspiraient à se reconnaître plus complétement quand la lutte aurait cessé par le triomphe de la liberté (1). »

(1) *Giraud.*, p. 17.

L'explication de la contradiction des deux idées brille
plus par les antithèses que par la vérité.

En regard de cette opinion de M. de Lamartine, sur la
philosophie du dix-huitième siècle, plaçons l'opinion d'un
autre apologiste de la révolution que nous aimons à citer,
parce que son témoignage n'est pas suspect, et que, même
sous l'empire de son système, il montre beaucoup de bonne
foi dans les faits qu'il choisit, l'opinion de M. L. Blanc sur
Voltaire, qui, selon lui, résume les philosophes et la philosophie du dix-huitième siècle.

« Au dix-huitième siècle, dit-il, tous les philosophes n'en
firent qu'un, et leur nom fut Voltaire. Renverser le christianisme fut son but. Il n'était pas fait pour chercher, dans
une révolution politique et sociale, le salut du peuple : il
n'y songeait même pas. « Le monde ira toujours comme il
va, disait-il ; c'est votre folie, à vous moralistes, de vouloir
le changer. » Par ses opinions, ses instincts, son but di-
rect, il fut l'homme de la bourgeoisie, et de la bourgeoisie
seulement ; il n'aima point assez le peuple. Ouvrez sa cor-
respondance, l'aristocratie de ses dédains y éclate à chaque
page ; vous y lirez : *On n'a jamais prétendu éclairer les cor-
donniers et les servantes. — Travaillez donc pour ce petit public.
— La raison triomphera, au moins chez les honnêtes gens ; la
canaille n'est pas faite pour elle*, etc., etc. D'un autre côté,
Voltaire s'étudiait à bien établir que les philosophes étaient
les alliés naturels des rois. On sait jusqu'où il fit descendre,
à l'égard des grands, l'humilité de ses hommages ; qu'il fit
de Louis XV un panégyrique où l'excès de la flatterie tou-
chait au scandale ; qu'il s'écriait, en parlant de Catherine,
impératrice de Russie : *Je suis catherin, et je mourrai catherin ;* qu'il se mit aux pieds des favorites ; qu'enfin il écrivait
à Frédéric, roi de Prusse : *Vous êtes fait pour être mon roi,
délices du genre humain. — Je rêve à mon prince comme on rêve
à sa maîtresse. — Votre Majesté qui s'est faite homme. — Un
prince à qui j'ai appartenu*, etc., etc. Révolutionnaire en re-

ligion, Voltaire n'entendait pas qu'on le fût en politique (1).

Voilà l'opinion de M. L. Blanc sur Voltaire. Nous ne nous chargerons pas d'expliquer la contradiction plus qu'*apparente* qui existe entre lui et M. de Lamartine ; nous laissons chacun à ses propres réflexions.

Maintenant, poursuivons. L'idée révolutionnaire dut donc sa naissance au paganisme ; et quoi qu'on fasse, il sera difficile de la faire prendre jamais pour un enfant adultérin, car elle ressemble trait pour trait à son père. Transportez-vous en esprit dans la France transfigurée par cette idée, vous croirez vivre en Grèce ou en Italie au cinquième siècle avant Jésus - Christ : vous êtes dans une république ; vous avez un sénat, des tribuns, des consuls, une tribune aux harangues, de nouveaux Forums ; vous n'entendez plus parler que de Miltiade, de Thémistocle, des Gracques, de Brutus, de César, etc. ; les mots de liberté et de tyrannie sont dans toutes les bouches ; on se coiffe du bonnet phrygien ; les femmes portent des robes grecques, les hommes se drapent à la romaine ; tous affectent le ton tragique, sentencieux et fier des anciens républicains ; on donne des fêtes grecques, on honore la Raison ou l'Être - Suprême avec des cérémonies grecques ; la politesse et la délicatesse chrétiennes de nos langues sont violées par la rudesse païenne ; on se tutoie en s'appelant citoyen : en un mot, on fait passer dans les mœurs tous les usages grecs et romains ; le paganisme est à l'ordre du jour. — Les conséquences de ce nouvel esprit furent, on le sait, des horreurs et des cruautés plus effroyables encore que celles qu'avait enfantées le paganisme ; et le dernier état de l'humanité, comme dit l'Evangile, fut pire que le premier. — La révolution, au lieu d'être un véritable progrès, fut donc un anachronisme, un retour vers les formes usées, vers l'esprit sauvage de l'antiquité ; ce ne fut qu'une servile imitation, qu'un sanglant pastiche des républiques de Rome et d'Athènes ; elle ne sut pas décou-

(1) *Hist. de la rév.*, de la page 354 à 370, *passim.*

vrir autre chose, pour régénérer l'homme, que ce qu'a-
vaient inventé Harmodius et Aristogiton, Brutus et les
Gracques, Marius et Sylla.

Cessez donc d'associer sacrilégement Jésus-Christ et son
Eglise avec Voltaire et sa tourbe philosophique. Etablissez
tant que vous voudrez Voltaire et Robespierre sur l'Olympe,
à côté de Jupiter, c'est là leur place; mais n'ayez pas la
hardiesse impie de les faire monter jusqu'au ciel, et de les
asseoir, à la droite du Père, au même rang que Jésus-
Christ.

Toutefois, soyons justes. Si la révolution était païenne,
comme il ressort des faits, elle renfermait quelque chose
de plus que le paganisme; M. L. Blanc le reconnaît:
« Dans le dix-huitième siècle, on trouve *deux grands cou-
rans d'idées, deux doctrines,* non seulement *différentes* mais
opposées. Réalisation de la liberté par *l'union* et *l'amour,*
voilà ce que voulut la première, *issue directement de l'Evangile;* la seconde, *fille du protestantisme,* ne chercha la liberté
que dans l'émancipation de chacun considéré isolément(1). »
Le christianisme, au sein duquel la révolution naissait, l'a-
vait dominée, l'avait forcée à nommer, pour satisfaire les
peuples nourris des idées chrétiennes, ces trois saintes choses, la liberté, l'égalité et la fraternité humaines, dont les
païens n'avaient pas même le soupçon : mais si le christianisme les lui révélait, si elle les a nommées et reconnues,
qu'en a-t-elle fait? qu'a-t-elle fait de la liberté? Entre ses
mains, la *Liberté,* cette fille du ciel, est devenue une femme
effrontée, licencieuse, altière, farouche, cruelle, la tête
coiffée d'un bonnet rouge, symbole de ses appétits sangui-
naires, les bras retroussés et pleins de sang, à la main un
couteau et une pique dont elle est toujours prête à frapper.
Qu'a-t-elle fait de l'égalité? elle en a fait un *inflexible ni-
veau,* sous lequel elle applatissait contre terre tous les hommes, sans leur permettre de le dépasser jamais, compri-

(1) *Hist. de la rév.,* p. 349.

mant ainsi tout désir de progrès, toute tentative d'élévation : il y avait en France des sans-culotte, toute la nation
devait être sans-culotte ; elle ne voulait pas de cèdres dans
la forêt, elle n'y voulait que des broussailles ; et des deux
manières de chercher l'égalité, l'élévation des petits ou la
dépression des grands, elle a préféré celle qui nous aurait
tous jetés dans l'abaissement. Qu'a-t-elle fait de la fraternité ? Je cherche, je regarde : partout des haines, des violences, des trahisons, des assassinats ! je ne vois que deux
têtes mutilées qui s'embrassent au fond du panier de la
guillotine !! Voilà l'idéal de la fraternité, de l'égalité, de la
liberté révolutionnaires ; nous n'y reconnaissons point l'i-
déal divin et chrétien dont parle M. de Lamartine.

Qu'importe, direz-vous peut-être, que la révolution ait
été chrétienne ou païenne, si c'est à elle qu'on doit l'initiative et l'accomplissement des salutaires réformes judiciaires,
administratives et politiques qui font l'honneur de notre
temps ? — Il importe beaucoup plus qu'on ne pense ; c'est
une question de vie ou de mort, car là où l'esprit véritablement chrétien ne viendra point, vous n'aurez rien de so-
lide, rien de parfait, rien de durable.

Examinons cependant si c'est bien à la révolution qu'on
doit l'initiative et l'accomplissement des réformes modernes. Dans cet examen, nous désirons rendre justice à la révolution, si elle le mérite ; elle a assez versé de sang pour
qu'il lui soit permis d'avoir fait quelque bien : d'ailleurs,
nous savons que loin de nuire à une cause, on la sert en
l'attaquant injustement ; nous voulons donc sincèrement
l'impartialité. Pour l'obtenir, nous nous servirons de notre
méthode historique ; nous dégagerons la révolution de tout
ce qui n'est pas elle, de tout ce qui l'a précédé et de tout ce
qui l'a suivi ; nous la ferons poser seule devant nous, avec
les seules œuvres qui lui appartiennent. — Et d'abord la révolution peut-elle prétendre que c'est à elle qu'a commencé
l'idée des réformes, et que, depuis Clovis jusqu'à Louis XVI,

(21)

la France était restée complètement stationnaire? — Il en
est des nations comme des individus; elles ont leur enfance, leur jeunesse, leur âge mûr et leur vieillesse, et ce
qui convient à l'une de ces périodes de leur existence ne
convient point à l'autre. — La France, dès les premiers
temps de sa constitution, n'avait cessé de se développer et
de grandir, soit en repoussant les invasions du Nord par la
féodalité, soit en se formant en une puissante confédération
pour combattre les nations nouvelles, soit en devenant une
monarchie absolue pour constituer son unité merveilleuse,
soit enfin en modifiant cette monarchie pour donner plus de
satisfaction aux droits des peuples maintenant civilisés. La
législation suivait les développemens successifs des institutions politiques; depuis les Capitulaires de Charlemagne,
tous les siècles y avaient ajouté quelque nouveau perfectionnement; le christianisme, qui par son esprit, comme l'a
si bien démontré M. Troplong dans un savant ouvrage,
avait purifié le droit romain, purifiait sans cesse la législation française; les ordonnances de 1539, de 1670, l'édit de
1780 étaient autant de pas dans le progrès : et Louis XVI,
qui venait d'abolir la torture, ouvrait ainsi la voie à l'ex-
tinction des abus. L'administration n'était pas restée en ar-
rière : chacun sait que les travaux des Sully, des Richelieu,
des Mazarin, des Colbert, n'avaient pas été des travaux
vains et stériles, et, on le sait encore, Louis XVI hâtait le
perfectionnement de tous ses efforts, en appelant à lui les
hommes les plus distingués qu'il connût, et s'éclairant de
leurs lumières : il était si bien disposé à réaliser toutes les
réformes nécessaires, que le libéral Voltaire s'en effrayait,
et écrivait : « Si Louis XVI continue, il ne sera plus question de Louis XIV. Je *l'estime trop* pour croire qu'il puisse
faire tous les *changemens* dont on nous menace (1). » Ainsi,
la révolution ne peut revendiquer l'initiative des réformes
modernes, même du gouvernement représentatif, dont l'An-

(1) Lettre à Mme d'Epinai.

gleterre fournissait déjà le modèle, et auquel la convocation des États-Généraux était un acheminement; elle ne peut revendiquer que l'œuvre du sang, que la violence factice, intempestive peut-être, qu'elle a voulu imprimer au cours des choses ; violence dont il était possible de se passer, et regrettable à jamais. On sera bien étonné que M. de Lamartine soit ici de notre avis. Il avoue cependant que les acteurs de la révolution agissaient en aveugles, ne savaient ce qu'ils voulaient, et étaient loin d'avoir pour mobile le bien public. « La révolution tout entière, dit-il, n'était comprise alors par personne. Mirabeau était vénal, Barnave jaloux, Robespierre fanatique, le club des jacobins cruel, la garde nationale égoïste, Lafayette flottant, le gouvernement nul ; personne ne voulait la révolution que pour soi et à sa mesure ; elle aurait dû échouer cent fois sur tous ces écueils. Si le peuple eût été modéré, si Mirabeau eût été intègre, si Lafayette eût été décidé, si Robespierre eût été humain, la révolution se serait déroulée, majestueuse et calme, comme une pensée divine, sur la France, et de là sur l'Europe ; elle se serait installée, comme une philosophie, dans les faits, dans les lois, dans les cultes (1). » — C'est-à-dire qu'il n'y aurait pas eu de révolution, et que la France pouvait parfaitement s'en passer.

Si la révolution n'a pas donné l'initiative du mouvement aux réformes, quelle part peut-elle réclamer dans leur accomplissement? A cette question, nous ne répondrons pas seuls, nous répondrons avec M. Guizot, dont on connaît la science et l'entente judicieuse de l'histoire. Voici, en quelques mots, l'idée qu'il donne des résultats de la révolution: « Dans la tourmente révolutionnaire, écrit-il, les destinées intérieures et extérieures, l'État et la société *avaient été également compromis*. Replacer la France nouvelle dans la confédération européenne, la mettre *en possession de l'indépendance et de l'ordre*, c'était le vœu général du pays (2). »

(1) *Girond.*, p. 67-68.   (2) *Hist. de la civilis. en France*, t. 2, p 117

Ecoutez donc le cri d'un pays tout entier, écoutez les vœux de toute la France après quelques années de la période révolutionnaire, et sachez la juger! Qu'entendez-vous? Vive la sainte révolution! vive la divine république! Non, non; on appelle au secours *l'absolutisme;* on lui demande de l'ordre et de l'indépendance, car M. Guizot ajoute : « Napoléon comprit ce vœu, et l'accomplit. » Là s'arrête l'action libre de la révolution; c'est là que le Ciel, par la voix du peuple, lui redemande ses comptes. Qu'a-t-elle fait pendant la durée de son pouvoir usurpé? *Elle a compromis l'Etat et la société, elle a livré un pays à la servitude et au désordre.....* Que le géant se lève, qu'il l'écrase de son sceptre de fer, et rende à la France épouvantée l'ordre et l'indépendance.

Ainsi passa la révolution française, en accumulant des ruines. Qu'est-il resté de son œuvre? Elle a jeté au vent des priviléges et des titres, mais elle n'a point détruit l'amour des priviléges et des titres; elle a renversé la noblesse du sang et de l'honneur, mais elle a fait place à l'aristocratie des richesses; une caste est tombée, l'autre est montée sur le trône. Je ne vois que des vainqueurs et des vaincus, je ne vois pas de convertis. Et du peuple, qu'en a-t-elle fait? Elle l'a rendu impie, et l'a mis pour cela au ban des nations même barbares; elle l'a rendu inquiet, envieux, turbulent, toujours prêt à l'émeute, en sorte que notre patrie se trouve sans cesse placée comme sur un volcan mal éteint; elle l'a rendu égoïste, avide de bien-être et de richesses; elle a fomenté entre les diverses classes de citoyens la haine de l'orgueil; elle n'a pas même su réunir les partis dans une forte unité; elle a produit la triste maxime *chacun pour soi, chacun chez soi;* de tant de larmes, de tant de sang versé, elle n'a fait germer que *l'individualisme* (1)!

Qu'ont gagné à cette transformation nouvelle le corps et l'âme du peuple? « Le peuple avait un Dieu, s'écrie le P. Lacordaire, non pas seulement dans le ciel, non pas seu-

(1) *Hist. de la rév.* de L. Blanc, *ubique.*

lement dans sa chair, dans sa pauvreté et dans sa propre croix, mais il avait un Dieu vivant dans l'Eglise pour l'enseigner, le défendre, le consoler; il avait un Dieu vivant dans le prêtre, pour recevoir les secrets pesans de son cœur; il avait un Dieu vivant dans la sœur de charité, pour panser ses jambes quand elles lui refusaient le service, et pour honorer son âme dans les détresses de son corps. Le peuple avait un Dieu dans le ciel et sur la terre, vous lui avez ôté le Dieu du ciel, et vous ne lui avez pas gardé le Dieu de la terre. Ah, j'ai tort, vous lui avez donné pour Dieu le doute, et pour déesse la négation. Vous lui avez dit : *Peut-être*, et trouvant que c'était trop, vous avez repris avec autorité, vous avez dit : *Non!* De quoi se plaindrait-il? N'est-ce pas assez pour satisfaire une âme?

« Peut-être vous vous retournerez vers le corps du peuple, et lui vanterez ce qu'il vous doit de bien-être, en échange du bien-vivre. Ah! je vous y attendais! Le corps du peuple! Mais écoutez donc le cri, non pas de la pauvreté et de la misère, ce sont des mots et des choses d'autrefois, mais le cri du paupérisme, c'est-à-dire le cri de la détresse arrivée à l'état de système et de puissance (1). »

M. L. Blanc ne s'exprime pas en termes moins énergiques que l'orateur sacré. «Les ouvriers ne savaient pas, dit-il, que la concurrence ramènerait au sein des sociétés modernes comme une image de l'égoïsme des peuples incivilisés; que le prolétariat, libre et affamé, en viendrait à écrire sur l'étendard des guerres civiles une devise impossible à oublier désormais (*du pain! ou la mort!*), et qu'aux yeux de plusieurs milliers d'hommes en peine de leur lendemain, le *laissez-faire* serait le *laissez-mourir* (2).

Demandons aussi aux peuples de l'Europe quel bienfait ils ont reçu de la révolution française, et ils vont nous montrer des flots de sang et des chaînes plus serrées. La liberté révolutionnaire s'était avancée au-devant d'eux, et ils

- (1) Lacordaire, *Conférences*, p. 527. (2) *Hist. de la rev.*, p. 572.

ne l'ont point reconnue pour la liberté véritable, ils en ont eu peur: ils l'ont regardée comme une ennemie ; avec leurs rois, ils se sont armés et ont combattu contre elle, et nul ne peut prévoir combien de temps encore, par horreur de cette fausse liberté, ils lutteront contre la liberté vraie et chrétienne, et seront privés des bienfaits immenses qu'ils auraient droit d'en attendre. Contemplez un instant le spectacle que nous présente l'Europe ; voyez ces peuples en proie depuis si long-temps aux malheurs de la guerre civile ou de l'anarchie, ces peuples pleurant sur les ruines de leur nationalité détruite, ou gémissant dans une plus profonde servitude, et dites-moi quel bien ils ont retiré des fureurs de la révolution française.

Que le génie cesse donc d'exalter cette révolution et de la porter en triomphe, qu'il cesse de proclamer partout qu'elle est la mère de la liberté, de l'égalité et de la fraternité humaine ; que tous les âges futurs doivent espérer en elle ; que quiconque n'a pas son esprit n'a qu'un esprit rétrogade ; que quiconque ne l'aime pas n'aime que la tyrannie ; qu'elle a tout innové, tout vivifié, et que si cet évènement n'eût jamais ensanglanté l'histoire, l'humanité serait demeurée à jamais rivée à la triple chaîne de l'ignorance, de la superstition et de la tyrannie. La révolution, dites-vous, a été la ligne de démarcation entre le vieux monde et le monde nouveau. Oui, mais cette ligne de démarcation est un fleuve de sang, une ligne de flamme et de fumée. Pour nous, nous voudrions que le monde moderne eût paisiblement grandi sur le tronc de l'ancien, y fût resté uni, et n'eût pas brûlé son père, non point, comme les sauvages, par pitié des infirmités de sa vieillesse, mais par une fausse honte des faiblesses de son enfance, des imperfections de sa jeunesse. La révolution n'a été qu'un incendie, elle n'a laissé que des ruines : qu'elle y demeure à jamais ensevelie !

Cependant, du milieu de ces décombres un nouvel édifice s'est élevé : le mal n'a point prévalu, il a produit au

contraire le germe d'un bien plus grand pour l'avenir; mais
ce bien, que l'incendie révolutionnaire ne le réclame pas,
il n'est point à lui.

Quand les âmes nobles et généreuses eurent compris
dans quelle voie funeste les philosophes avaient engagé
l'humanité, et ce que d'excès pouvaient commettre sous leur
influence les volontés en délire ; quand elles se furent aperçu
que pour émanciper leur raison on la livrait aux rêveries du
rationalisme; que pour les guérir de la superstition on les
traînait aux autels de la déesse Raison ; que pour les déli-
vrer des cruautés du fanatisme et de la tyrannie on avait,
en quelques années, fait couler plus de sang que tous les ty-
rans et tous les fanatiques ensemble ; quand, par cette terrible expérience, elles eurent appris que ce n'était point im-
punément que l'homme secouait le joug de l'autorité divine,
et que bientôt à sa porte se présentaient en foule tous les
malheurs, alors elles se retournèrent vers le Ciel, et l'ap-
pelèrent à grands cris à leur secours. Nous l'avons dit, un
homme extraordinaire, Napoléon, leur fut donné. On s'est
imaginé que Napoléon avait continué l'œuvre de la révolution : c'est une grande erreur. Napoléon n'eut pas d'autre
but que de la détruire. Toutes les phases et tous les actes
de son règne le prouvent. Il réagit contre l'esprit irréligieux
par la restauration du culte ; contre l'esprit républicain, par
l'établissement de l'empire ; contre l'esprit égalitaire, par
la création d'une nouvelle noblesse ; contre l'esprit de révolte, par sa sévérité envers l'émeute ; enfin contre l'esprit
rationaliste, par sa répulsion profonde et bien connue pour
les idéologues. Sous sa main de fer, l'esprit révolutionnaire
n'osa remuer, et ce n'est point à lui qu'on doit attribuer les
réformes de l'empire ; à plus forte raison ne doit-on pas lui
attribuer les œuvres de la restauration. A la vue du triomphe
de cette ennemie naturelle qu'il croyait avoir terrassée et
blessée à mort, l'esprit révolutionnaire se réveilla, plus
faible cependant ; il la combattit sans relâche ; enfin il rem-

porta la victoire. Trois jours encore lui furent donnés ; mais c'était le suprême effort de l'agonie : l'esprit révolutionnaire a été enseveli dans son propre drapeau. Le gouvernement de juillet, et ce sera là sa gloire, ne s'en est point laissé dominer ; il a voulu accomplir le progrès sous l'influence d'un autre esprit ; et il devient manifeste, par la marche des choses et les tendances communes aux hommes graves, que cet esprit révolutionnaire ne revivra plus, et ses apologistes eux-mêmes sont bien éloignés de faire des vœux pour sa résurrection.

Il ne suffit pas toutefois d'avoir indiqué cette réaction politique contre l'esprit révolutionnaire, il faut indiquer encore la réaction morale, et montrer comment l'esprit chrétien s'est réveillé pour venir reprendre sa place dans le monde moderne. Des hommes en qui le génie s'unissait à l'amour de la patrie et de la religion, et qui depuis longtemps gémissaient sur les calamités qui désolaient la France, remarquèrent l'aspiration des cœurs effrayés vers le christianisme, et entreprirent de la seconder. A leur tête s'avance l'illustre M. de Chateaubriand. Il avait observé que le paganisme s'était emparé des âmes par la séduction de sa poésie et de ses arts ; il résolut de lui opposer dans son immortel ouvrage, *le Génie du Christianisme*, la poésie et l'art chrétiens. Sous son brillant pinceau, on en vit ressortir avec tant d'éclat les merveilleuses beautés ; tout ce qu'il y a de sublime, de majestueux, de tendre, de passionné, de mélancolique dans l'idée chrétienne, tout ce qu'elle offre d'inspirations au poète et à l'artiste se para de couleurs si séduisantes, et accusa d'une infériorité si manifeste l'idée païenne, que de ce coup vigoureux elle fut frappée à mort. De ce moment, on s'étonna d'avoir négligé ou ignoré une pareille source de richesses ; on se mit à fouiller dans les archives du moyen - âge, on dépouilla les légendes, on se prit à admirer les tombeaux, les édifices, les cathédrales gothiques : en un mot, l'Olympe fut déserté ; encore une fois on délaissa Apollon et les Muses; la conversion de l'art fut complète; il devint tout chrétien. Ce que M. de Chateaubriand avait fait pour l'art et la poésie, des penseurs de premier ordre, les de Maistre, les de Bonald, les de Lamenais, etc., le firent pour les doctrines chrétiennes : ils opposèrent l'admirable sagesse des livres saints, la profonde philosophie des Pères de l'Eglise aux visions insensées du rationalisme païen, qui, de nouveau, chancela sur ses bases et dut s'apprêter à disparaître, enveloppé dans le linceul d'un immense ridicule.

Sous l'influence de ces grands hommes s'éleva une jeune génération chrétienne, qui se précipita avec ardeur dans la nouvelle carrière, renia l'idée païenne du dix-huitième siècle, et redemanda le salut de l'humanité à Jésus-Christ. — C'est elle qui fait la consolation du présent et l'espoir de l'avenir ; c'est elle qui doit achever la ruine de l'idée révolutionnaire, et faire fleurir à la place l'idéal vraiment divin du christianisme. Courage! leur dirai-je comme Jésus à ses apôtres, courage, petit troupeau, c'est à vous que le règne est réservé; et voilà que du haut de la chaire de Pierre un saint pontife vous tend une main, tandis que de l'autre il répand sur le monde ses bénédictions et la semence de la véritable liberté.

Vous aussi, harmonieux poète que nous avons perdu, vous combattiez au premier rang de la sacrée phalange; et si nos jeunes cœurs ressentirent un doux attrait pour l'Evangile, c'est quand votre lyre rendait des sons si suaves aux pieds de la Croix. Cependant, nous ne voulons pas croire que vous soyez un transfuge ; non, les illusions de votre cœur généreux vous ont trompé : sous une apparence hypocrite, l'idée philosophique s'est présentée devant vous; elle vous a fasciné les yeux; vous n'avez pas senti le loup ravisseur sous la peau de l'agneau; vous l'avez prise pour l'idée chrétienne, vous avez dit : « Elle doit faire le salut du monde, elle triomphera; » et par cette fatale erreur, vous avez crucifié le Christ entre les larrons, en croyant combattre pour lui. *Pater! ignosce!*

CONCLUSION.

Nous avons voulu protester dans cet écrit contre l'abus et les égaremens de la philosophie systématique de l'histoire, contre la glorification de la révolution française, et surtout contre la confusion qui tend à s'établir entre l'idée révolutionnaire et l'idée chrétienne. Il y a là un immense danger non seulement pour le christianisme, mais encore pour l'humanité. Si on lui persuade que son salut gît au fond d'une forme politique, d'un système socialiste ou économique quelconque, comme elle veut son salut, elle consumera tous ses efforts à la recherche de la forme ou du système libérateur, n'éprouvera plus de repos, essaiera et brisera tour à tour de nouvelles formes et de nouveaux systèmes, et perdra ses forces à ce jeu terrible mais vain, en même temps qu'elle s'écartera de la route qui seule peut la conduire à ses fins immortelles. Qu'on le sache bien, la volonté humaine est plus puissante que toutes les formes dans lesquelles on voudrait l'étreindre; elle finira toujours par les faire éclater toutes : elle ne trouvera pas plus sa régénération dans une république que dans la ruche épicurienne du phalanstère, que dans la communauté matérielle du communisme. Suffit-il de dire aux hommes : « Soyez frères ; » de les réunir sous le même toit, de partager également leurs biens, pour qu'ils soient frères de cœur? Suffit-il de leur dire : «Soyez vertueux, soyez parfaits, » pour qu'ils le deviennent? Hélas! nous savons trop que, comme l'a dit le poète, nous voyons souvent le bien nous-mêmes, et nous lui préférons le mal. — *Video meliora proboque, deteriora sequor.* (OVIDE.)

Eussiez-vous donc établi la plus parfaite des républiques,

si vous n'avez pas soin d'y déposer le sel de la vraie réforme du Christ, au moment où elle sera arrivée à l'apogée
de sa gloire, à défaut d'autre ennemi, la corruption la ga-
gnera, et bientôt, énervée par les jouissances, elle s'affais-
sera sur elle-même, et quelque poète viendra graver cette
épitaphe sur sa tombe :

> . . . . Sævior armis
> Luxuria incubuit, victumque ulciscitur orbem.

(JUVÉNAL.)

FIN.

Paris. — Imprimerie de G.-A. DENTU, rue de Bussi, 17.

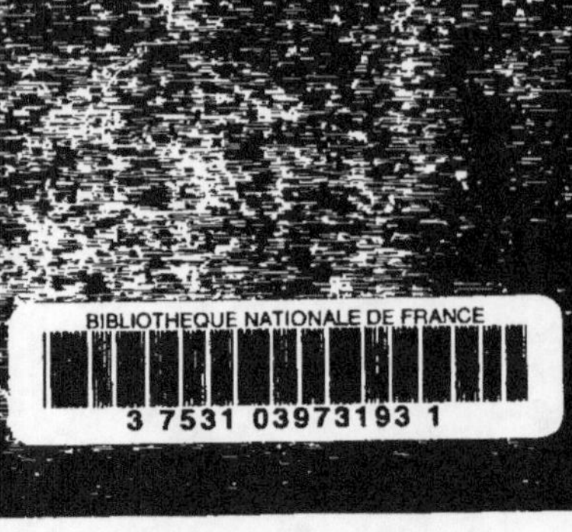

9 782013 363846